みなさん、こんにちは！
近江商人博物館のお手伝いをしている
「てんちゃん」です。
いっしょに近江商人について学びましょう！

ぼく「てんちゃん」！
ちょっと変な格好をしているけど笑わないでね。
ぼくは東近江市にある「近江商人博物館」で、近江商人のことを皆さんに紹介しています。

だから少し変かもしれないけど、
江戸時代頃の近江商人と同じような格好をしているのです。

では、近江商人がなぜこのような格好をしていたのか、
近江商人って、いったいどんな人だったのか、
いつ頃の人なのか、いろんな不思議を、
いっしょに考えてみましょう。

博物館では、先生がいろいろ教えてくれるけど、
ここではぼくが代わって案内します。

歴史用語があったりして、難しいことも少しはあるけれど
最後まで楽しんでください。

★近江商人博物館ホームページ★
https://e-omi-muse.com/omishounin-boy.html

※本書に登場する人物の年齢は数え年で表記しています。

もくじ

■近江商人はどこの人
近江の商人みんなが近江商人ではなかった……………………………… 4

■代表的な近江商人 ……………………………………………………………… 6
● ものしりコーナー ● 近江商人のルーツを探る ……………………………… 8

■多くの近江商人が生まれた理由
近江は「道の国」「湖の国」「仏の国」…………………………………… 10

■広がる活躍の舞台
海外に出かけた近江の商人たち ……………………………………………… 14
● ものしりコーナー ● 近江商人図鑑① 近江商人のビジネススタイルを解剖してみよう … 16

■近江商人の商い
各地の特産物を人々に ………………………………………………………… 18
＊知識をひろげる＊ おせち料理は近江商人のおかげ

■近江の特産物
どんなものを売っていたのだろう …………………………………………… 20
＊知識をひろげる＊ 北関東で醸造業を展開

● ものしりコーナー ● 近江商人図鑑② 今に伝わる商家の教え ……………… 22

■近江商人のくらし
どんな人生を過ごしたのだろう ……………………………………………… 24
＊知識をひろげる＊ 隠居後ものんびりはしていません

■近江商人の里の教育
丁稚の教育は本宅で …………………………………………………………… 26
・寺子屋の一年間
近江商人が創った学校 ………………………………………………………… 28
● ものしりコーナー ● 近江商人図鑑③ ふだんは質素倹約、ハレの日は豪華に ……… 30
＊知識をひろげる＊ 山形名物「おみ漬け」と近江商人

■近江商人が大切にした商いのこころ
売り手によし　買い手によし　世間によし　三方よし ………………… 32
地域のため　社会のために ―「三方よし」を実践した近江商人たち― ……… 34
＊知識をひろげる＊ 近江商人の鉄道事業

■近江商人と文化・芸術
才能を引きだし、育てた商家の人びと ……………………………………… 38
＊知識をひろげる＊ 日仏文化のかけはし「薩摩治郎八」
商家に生まれ、才能を開花させた人びと …………………………………… 40

■現代に続く近江商人の企業
なぜ近江商人の会社には、長寿の会社が多いのだろう …………………… 42
＊知識をひろげる＊ ある近江商人の軌跡

近江商人のことを学びに行こう
近江商人関連 博物館・資料館案内 …………………………………………… 44
近江商人関連 博物館・資料館地図 …………………………………………… 46

近江商人はどこの人

近江の商人みんなが近江商人ではなかった

現在の滋賀県は、江戸時代までは近江と呼ばれてきました。琵琶湖を取り巻くように、四方を山に囲まれたこの土地は、古い時代から高度な文化水準を持った先進的な地域でした。こうした地域から、日本の商業・経済の発展に大きく貢献した近江商人と呼ばれる人々が誕生しました。

近江商人とは、江戸時代に、現在の滋賀県に生活の本拠を置きながら、滋賀県以外の地域へ行商に行った商人のことです。

近江商人は、滋賀県の中でも特定の地域から多く誕生しています。右の地図でしめしているように、その多くは琵琶湖の東岸、現在の東近江市、近江八幡市、日野町、豊郷町に集中し、対岸の高島市からも東北地方などに移り住んだ高島商人といわれる人々がいました。

本書では、全国各地を商圏として活躍した近江商人についてお話を進めましょう。

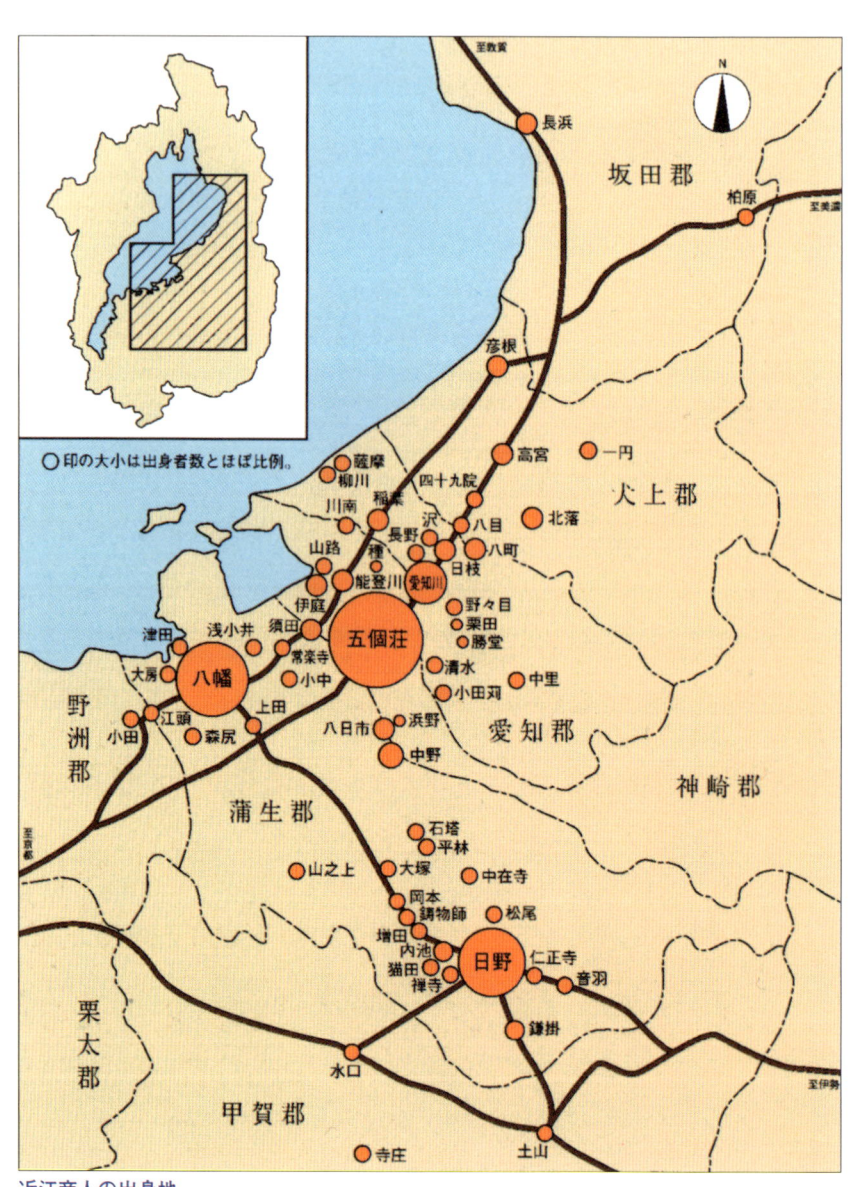

近江商人の出身地
○の大きさは人数を示しています。大きいほど多くの商人がいたことを示します。（江頭恒治『江州商人』より）

八幡商人

　江戸時代、現在の近江八幡市は八幡町と呼ばれ、この地から誕生した商人を八幡商人と呼びます。豊臣秀次の時代には、城下町として繁栄し、その後、琵琶湖に通じる八幡堀を水路として活用することで、商業の町として発展してきました。

　「大坂冬の陣」で徳川家康を助ける働きをしたといわれる八幡商人は、江戸時代の初め頃には、江戸日本橋の一等地を与えられました。その頃から江戸や京に「八幡の大店」と言われる大きな店を構えたり、北海道まで出かけた商人もいて、今日まで活躍する基盤をつくりました。

江戸日本橋通一丁目の八幡商人の出店のようす
(『滋賀県八幡町史』より 部分)

日野商人

　日野商人は、埼玉、栃木、群馬など北関東や東北を中心に活躍しました。日野城主の蒲生氏郷は、地域の商工業振興政策を積極的に進めたので、日野椀などの製造が盛んとなりましたが、氏郷が、伊勢国松ヶ島（三重県松阪市）や陸奥国会津黒川（福島県会津若松市）に移ると、多くの商人もついていったので、これらの地域には日野商人の足跡が多くみられます。

　また、城下町ではなくなった日野町の商人は奮起して、関東地方に進出しました。関東では、醤油・味噌・酒などの醸造業を主に営み、「日野の千両店」と呼ばれる多くの店舗展開をおこなっています。

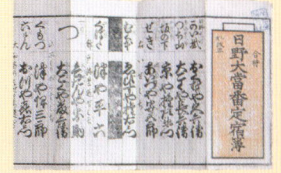

定宿に掲げられた看板
同郷の商人の結束を高めるために組織した日野大当番が利用した常宿簿
(いずれも近江日野商人館蔵)

五個荘商人・湖東商人

　東近江市周辺には、古くから、商人発生の歴史があります。しかし近江商人と呼ばれる商人の活躍は、江戸時代後期から明治時代にかけて一段と活発になります。

　彦根藩が農業のできない冬季に、農家の副業を奨励したことから、地域の産業として、麻布など織物の生産がさかんになり、繊維製品を商う商人が多く誕生しました。

近江商人としては後発でしたが、この地域の商家の多くが、今も100年以上つづく老舗企業として商業活動を続けています。

東近江市五個荘金堂町のまちなみ

代表的な近江商人

西暦	社会の動き	近江商人
1566	西川仁右衛門、商売をはじめる	**西川仁右衛門**（初代1549〜1644） 八幡商人。蒲生郡南津田（近江八幡市）に生まれる。はじめ、能登方面に蚊帳や畳表などを行商し、しだいに東海地方へと商売を広げ、ついに江戸日本橋に店を出しました。
1570	姉川の戦い	
1576	織田信長、安土城築城を開始	
		西川甚五郎（2代1582〜1675） 八幡商人。西川仁右衛門の2代目で、大ヒットした萌黄の蚊帳を考案しました。（20ページ参照）
1583	賤ヶ岳の戦い	
1585	豊臣秀次、八幡城築城、八幡堀が設けられる	**西川利右衛門**（1590〜1645） 八幡商人。八幡の御三家と言われる豪商。旧宅は重要文化財の指定を受けて、近江八幡郷土資料館として公開されています。（22ページ参照）
1586	八幡下町中掟書が定められる	
1595	石田三成、佐和山城主に	
1600	関ヶ原の戦い	**西村太郎右衛門**（1603〜1651） 八幡商人。御朱印船で安南国（ベトナム）に渡り、国王に認められて、帰国を目指しましたが、鎖国令がでた日本への帰国はかないませんでした。（14ページ参照）
1603	徳川家康、征夷大将軍となり江戸幕府を開く	
1610	この頃高島の村井新七が盛岡に出店	**西川伝右衛門**（初代1627〜1708） 八幡商人。蒲生郡南津田（近江八幡市）生まれ。行商からスタートし、北海道松前に出店後、藩の御用商人となり、有望な漁場開発を行いました。
1615	大坂夏の陣、豊臣氏滅ぶ	
1619	分部光信が入部し、大溝藩できる	
1620	市橋長橋が入部し、仁正寺藩できる	
		正野玄三（初代1659〜1733） 日野商人。蒲生郡日野町生まれ。18歳から兄と共に越後方面に、日野椀や茶などの行商をしました。母の病がきっかけで、医業を志して医師となり、薬の製造販売業を創業。「万病感応丸」というヒット商品を生みだしました。
1633	徳川家光の上洛に備えて水口城できる	
1639	鎖国が完成する	
1640	この頃より魚を原料とした高価な肥料（干鰯）が使用される	**西川庄六**（1666〜1744） 八幡商人。西川利右衛門家から分家し、現在のメルクロス㈱に引き継がれています。（22ページ参照）
1640	西川伝右衛門、この頃、北海道松前に出店	正野玄三
1673	三井越後屋呉服店江戸店開店	**外村与左衛門**（5代目1682〜1765） 五個荘商人。神崎郡金堂村（東近江市）の生まれ。代々農家に生まれた5代目与左衛門は、19歳のとき、近江麻布の行商をはじめ、名古屋・京都・大坂から江戸にまで商売を広げました。外村一族からは外宇・外市・外宗など多くの商家が生まれています。（23ページ参照）
1682	加藤嘉明が入部し、水口藩できる	
1684	正野玄三、行商に出る	
1688	元禄時代、始まる	
1700	外村与左衛門（5代）行商をはじめる	
1701	正野玄三、合薬の製造販売をはじめる	**中井源左衛門**（初代1716〜1805） 日野商人。蒲生郡日野岡本（日野町）生まれ。家業は日野椀の製造販売をしていましたが、子どものころに父をなくし、19歳の時、合薬の持ち下り商人としてスタートしました。仙台店をはじめ、京都店、相馬店（福島県）、大田原店（栃木県）など全国各地に出店を設けて活躍し、近江商人として大きな成功をおさめました。
1702	赤穂義士の討入り	
1716	徳川吉宗の享保の改革	
1726	物価引下令を出す	
1732	西国凶作	
1734	中井源左衛門、行商をはじめる	
1750	この頃、長浜に縮緬織が伝わる	**小野善右衛門**（1738〜1789） 高島商人。盛岡城下町で活躍した近江商人の代表。同族の「小野組」は明治新政府の財政に大きく貢献しましたが、時代を読み取ることができず、破産しました。

中井源左衛門

松居久左衛門〔遊見〕（3代目1770〜1855）
五個荘商人。神崎郡位田村（東近江市）の商家に生まれ、農業の合間に、生糸・綿布・麻布などを全国に行商し、やがて江戸や京都、大坂に出店しました。「メ」の商標は、天秤棒を肩にかつぎ、朝星が出ているうちから商いに出て、夜星が出るころまで一生懸命に働くという意味です。

松居久左衛門

西暦	社会の動き	近江商人	
		小林吟右衛門(初代1777〜1854) 湖東商人。愛知郡小田苅村（東近江市）生まれ。22歳で呉服や小間物類などの行商を近くの村むらからはじめ、しだいに、東海道方面へと行商を広げました。丁字屋を屋号とし、丁吟とよばれました。旧宅は近江商人郷土館として公開されています。	 小林吟右衛門
1782	天明の大飢饉		
1787	松平定信の寛政の改革		
1798	小林吟右衛門、行商をはじめる	**高田善右衛門**(1793〜1868) 五個荘商人。神崎郡北庄村（東近江市）の裕福な家に生まれましたが、早くから独立して幅広く活躍しました。常に刻苦精励を胸に秘めた姿は戦前の教科書で紹介されています。（23ページ参照）	
1800	伊能忠敬、蝦夷地を測量		
1808	間宮林蔵、樺太を探検		 高田善右衛門
1816	飯田新七、丁稚奉公に出る	**飯田新七**(初代1803〜1874) 高島商人。若狭敦賀（福井県）の生まれ。京都で「高島屋」という米屋を営んでいた高島郡南新保（高島市）出身の飯田家に見込まれて、むこ養子に入り、その後、分家して古着や木綿をとりあつかう「高島屋」をはじめたのが現在の高島屋百貨店の創業。	
		西川貞二郎(1819〜1886) 北海道開拓をおこなった西川伝右衛門家の10代当主で、八幡銀行の設立や地域産業の発展に大きく貢献しています。	
1833	天保の大飢饉		
1837	大塩平八郎の乱	**塚本定右衛門**(2代目1826〜1905) 五個荘商人。神崎郡川並村（東近江市）の呉服などを商う商家に生まれ、14歳から京都店で見習いをはじめ、26歳で家を継ぎ、明治5年（1872）に日本橋に東京店を出店し、晩年は地元のために治山治水事業をはじめとする多くの事業を展開しました。	
1841	水野忠邦の天保の改革		
1853	米国使節ペリー、浦賀に来る	**薩摩治兵衛**(1831〜1909) 湖東商人。犬上郡豊郷村四十九院（豊郷町）の貧しい農家に生まれましたが、一生懸命に働き、貿易で成功しました。（39ページ参照）	 塚本定右衛門
1854	日米和親条約		
1858	日米修好通商条約		
1860	桜田門外の変、井伊直弼暗殺		
1867	大政奉還、王政復古の大号令	**伊藤忠兵衛**(初代1842〜1903) 湖東商人。犬上郡豊郷村八目（豊郷町）の商家に生まれ、下関（山口県）で外国船を見て、外国貿易の将来性を感じて、九州地方での商売に力をそそぎます。大阪に呉服太物店・紅忠を開店後は、雑貨の輸出を開始するなど、未知の世界にチャレンジしつづけ、現在の総合商社伊藤忠商事㈱・丸紅㈱の土台をつくりました。	
1871	廃藩置県		
1872	新橋〜横浜間鉄道開業 滋賀県の誕生 塚本定右衛門、東京日本橋に出店 伊藤忠兵衛、大阪で紅忠を開店		 伊藤忠兵衛
1877	西南戦争	**塚本喜左衛門**(3代目1849〜1921) 五個荘商人。神崎郡金堂村（東近江市）の出身。12歳で丁稚奉公に入り、北陸・関東方面各地で呉服の持ち下り商い後、独立して、染め呉服卸商いを始めました。大切にした「積善の家に必ず余慶あり」という精神は、京都に本社を構えるツカキグループに受け継がれています（23ページ参照）。	
1882	大阪紡績（のちの東洋紡績）創業		
1889	大日本帝国憲法発布		
1891	大津事件発生		
1894	堀井新治郎、謄写版発明 日清戦争、始まる	**阿部房次郎**(1868〜1895) 湖東商人。神崎郡能登川（東近江市）出身。東洋紡績創設にかかわる。	 塚本喜左衛門
1896	近江鉄道建設着工		
1904	日露戦争、始まる	**中江勝治郎**(1872〜1944) （43ページ参照）	

ものしりコーナー

● ● 近江商人のルーツを探る ● ●

近江商人というと、編笠・合羽姿で天秤棒を担いだ行商人をイメージしますが、治安がよくなかった江戸時代以前には、多くの商人が集団で移動し、その数は時に100人を超えたといわれます。

近江商人博物館のジオラマ

大勢で山を越える商人団

上の写真は、東近江市近江商人博物館で展示されている中世の山越商人隊のジオラマです。

これは、商人たちが、伊勢方面との交易に鈴鹿山脈を越えて商品を運んでいるようすを復元したものです。この時代は、道中さまざまな危険があるため、商人たちは隊商を組んでいました。

鎌倉・南北朝時代には、商品の売買や貨へいの利用が盛んになり、全国各地で定期的に「市」が開かれるようになりました。なかでも近江（滋賀県）には東山道などの街道沿いに多くの「市」があり、全国で最も多いとされます。東近江市に「八日市」と名のつく地名がありますが、八のつく日に「市」が開かれた名残を示します。

小幡商人が近江商人のルーツ!!

当時の商人の活動範囲は、伊勢（三重県）、美濃（岐阜県）、若狭（福井県）、越前（石川県）および、五箇商人（若狭地方との交易権を持つ商人たち）や四本商人（伊勢方面との交易権を持つ商人たち）と呼ばれる商人グループ集団が存在しましたが、とりわけ、東山道に位置した小幡商人は、五箇商人と四本商人のグループの両方に属し、江戸時代に活躍する近江商人のルーツの一つとされます。

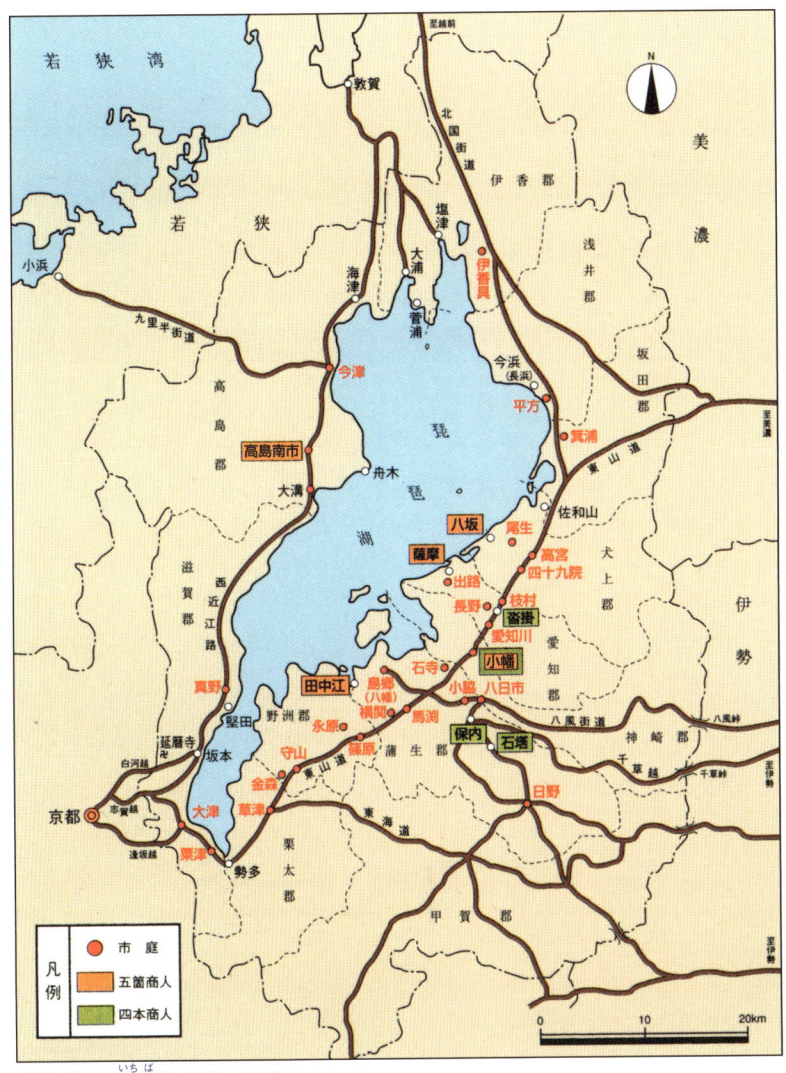
中世近江の市庭と商人分布図

山越商人の像（東近江市東中野町）

今堀日吉神社（東近江市今堀町）

　大正時代に今堀日吉神社から発見された「今堀日吉神社文書」には、中世商人団がそれぞれの商圏を争ったようすが記録されています。

　しかし、時代が進むと、安土や八幡、日野などで楽市楽座（だれもが自由に商売でき、税金を払わなくてもよいという市座）が生まれ、これまでの商業の方法が変わり、新しい時代の商人が登場してきました。

　今堀日吉神社の文書は国指定重要文化財になっています。

多くの近江商人が生まれた理由

近江は「道の国」「湖の国」「仏の国」

近江商人が生まれた理由については、いろいろな人の多くの意見があります。
その主なものとして、近江の地域の特性から交通網が発達していたこと、封建時代に人々が他の土地に自由に移動することができたこと、そして商いをするための精神的な支えとしての信仰心が篤かったことなどとされています。

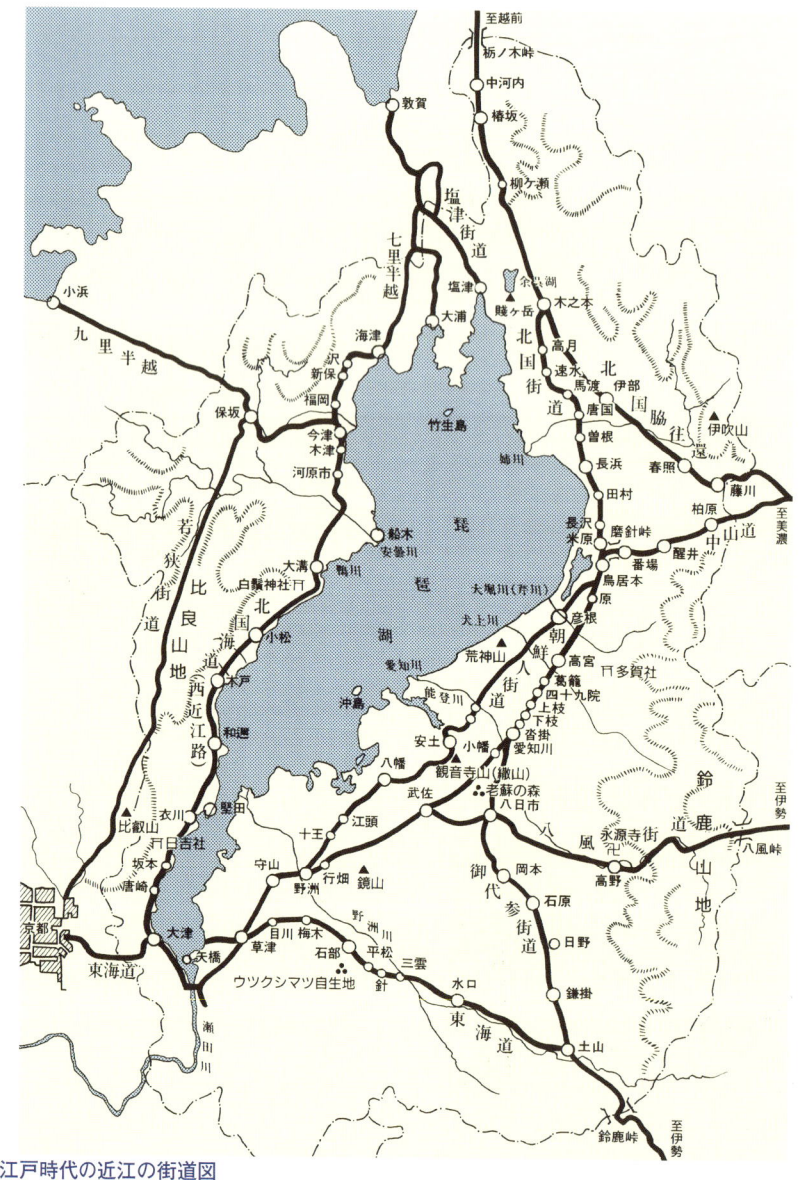

江戸時代の近江の街道図
近江は東海道や中山道、北国街道が通る交通の要衝で、これらの街道は日本列島の物資流通の重要なルートでした。また琵琶湖では、船を使った物流も盛んに行われていました。

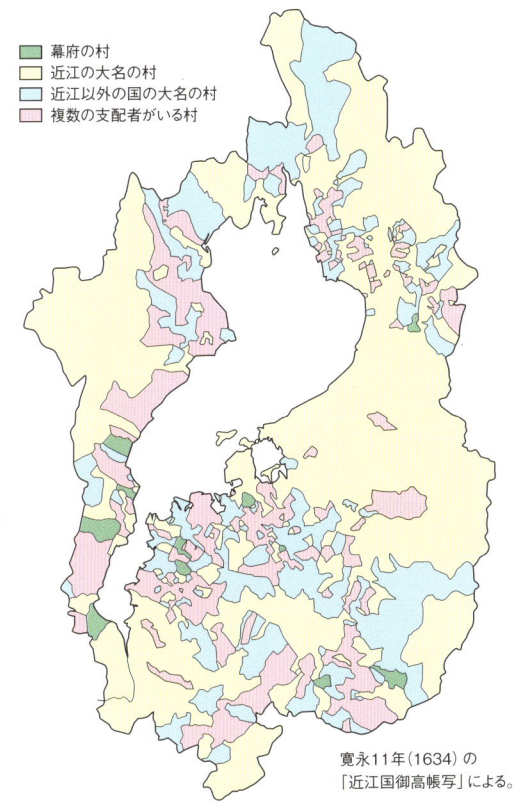

寛永11年(1634)の
「近江国御高帳写」による。

近江の所領（図説『滋賀県の歴史』より）
近江の領地が細分化された理由の一つが、家康が豊臣氏の旧例にまねて、近江の所領を遠国の諸大名に在京賄い料（京都で勤めをするための経費）として運用したことによるとされています。一村で数名の領主が分割していることもありました。

戦国時代、近江はいつも戦場だった

　戦国時代、近江は長く戦場となり、近江全体を支配する大名がいませんでした。このことが、近江の領地が細分化されることになったのです。賤ヶ岳の合戦で勝った豊臣秀吉や、関ヶ原の戦いで勝った徳川家康は、近江の領地を、ここから遠くの国の諸大名に分割して与えました。

　こうしたことで、彦根・膳所・水口など近江に居る大名が支配していた領地は、近江全体の約半分しかなく、その他は、他国大名や旗本、社寺の領地となっていました。同じ村の中でも所領がいくつにも分割されていたことも少なくなかったのです。

　日々の生活の中で、他の大名の領地に行く必要のあった近江の人々は、通行手形が比較的簡単に取れました。このことが、近江の人が他国に商いに出かけることができた、大きな要因であったと考えられています。

琵琶湖から日本海へ、そして北海道へ

　最初に北海道にわたった近江商人は、野菜の種の販売に出かけた愛知郡柳川村（彦根市）の田付新助だといわれています。豊臣秀吉が大坂城を築城した頃のことです。その後、彦根や近江八幡の湖岸の村から、多くの商人が北海道に入りました。

　かれらは北海道で漁場の開発を行い、さらには、北前船を使って北海道の海産物を日本海経由で上方（京・大坂周辺）に運び、帰りは、各港を経由しながら、各地の特産品を仕入れて北海道で販売するという北海交易を行い、各地で大変重宝されました。

彦根市柳川町の灯台
田付新助はここから北海道を目指しました。

北海道の産物や京・近江の特産品の輸送に活躍した北前船の模型（近江商人博物館蔵）

北海道で特産品開発に活躍

　北海道にわたった近江商人は、両浜組という組織を作り、上方から生活用品を北海道に送り、北海道の産物を上方で販売するようになりました。

　当時幕府から北海道でのアイヌとの交易権を与えられていた松前藩の武士は、自分たちの生活のため、近江商人に積極的に漁場開発（場所請負）にあたらせたので、北海道の水産業が大変発達しました。

　鮭を塩漬けにした荒巻鮭や、乾燥ニシンや昆布の開発など、近江商人たちは、北海道の産業育成に大きく貢献しています。江差町には、当時の近江商人の活躍を示す海産問屋「中村家」が国指定重要文化財として残っています。

漁港のにぎわいを描いた松前屏風（豊会館蔵）

ニシン漁で使用した道具

北海道の近江商人

『Q&Aでわかる近江商人』より

各地の特産品や北海道の海産物などを運んだ近江商人所有の船を描いた奉納額（近江八幡市　円満寺蔵）

信仰心あつい近江商人

　比叡山延暦寺を開いた最澄が残した「忘己利他」という言葉には、「自分中心にものごとを考えるのではなく、周囲の人たちのためになるように勤めることが大切」という意味があります。

　これは、近江商人たちが共通して大切にした商いのこころ、「三方よし」の精神と同じだといえます。（32ページ参照）自分の商売の繁栄だけを望むのではなく、相手のことを思いやるという考えです。

　道中厨子を持って行商に出かけた近江商人は、「御仏の心にかなわない商いはしない」との信念で、商いに励みました。伊藤忠商事㈱創業者の伊藤忠兵衛は、商売は「売り買い何れをも益し、世の不足をうずめ、菩薩の心にかなうもの」といい、商業は、世の中に必要な品物を不足なく行きわたらせる、社会に必要な大切な仕事と考えていました。

道中厨子（東近江市　個人蔵）
高さ9.1cmの厨子の中に仏像が入っています。近江商人の多くは、道中に持ち歩き「仏様の意思に反する商いはしない」という心構えを信念としていました。

広がる活躍の舞台
海外に出かけた近江の商人たち

安南渡海船額　重要文化財（近江八幡市　日牟礼八幡宮蔵）

西村太郎右衛門供養塔（八幡公園内）

安南に出かけた西村太郎右衛門

　西村太郎右衛門は、江戸時代初めに御朱印船貿易で安南国（ベトナム）にわたり、大きな利益を得て、出国から30年後に帰国することとなりました。

　ところが寛永12年（1635）に、日本人の海外渡航・帰国を禁止する「鎖国令」が出されたので、長崎への上陸が認められませんでした。日本へのなつかしい思いを絵師に頼んで描かせたのが上の絵馬で、近江八幡市の日牟礼八幡宮に奉納されました。ほかにも八幡商人岡地勘兵衛などが、シャム（タイ）に出かけています。

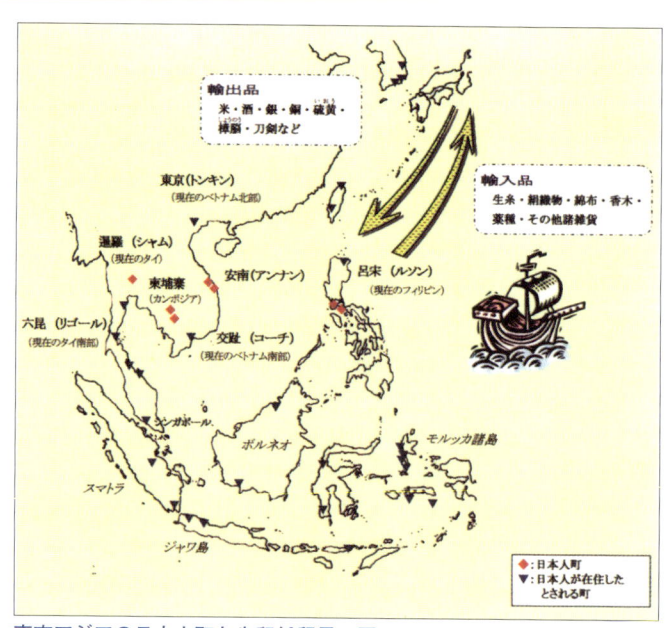

東南アジアの日本人町と朱印船貿易の国々

中国・朝鮮半島に進出した百貨店王　中江勝治郎

　近江国神崎郡金堂村（東近江市）の呉服商中江勝治郎は、明治38年（1905）に朝鮮大邱に雑貨店（のちに呉服店）を開いたことをスタートに、朝鮮各地に支店を作っています。

　大正13年（1924）には、アメリカへ商業視察旅行に行き、マーケットやデパート、ホテルなどの建物や働く人びとのようすを細かに記録しています。その後、店舗を呉服店から百貨店に転換し、朝鮮半島や中国に20店以上の店舗を広げ、百貨店事業を成功させました。

　しかし、第2次世界大戦の日本の敗戦とともに、海外での事業展開からすべて撤退しています。

三中井百貨店奉天（瀋陽市）支店

三中井百貨店所在地地図（『鮮満と三中井』（株式会社三中井／昭和10年刊）と『三中井要覧』（昭和15年刊）より作成）

ものしりコーナー

近江商人図鑑①

近江商人のビジネススタイルを解剖してみよう

　近江商人と言えば、すぐに思い浮かぶのが編笠、合羽、そして天秤棒。しかしよく見るといろんなものを持っています。なんというものか、何に使うのか探ってみよう。

- 編笠
- 天秤棒
- 夏は木綿の単衣もの　冬は木綿の綿入
- 行李
- 引き廻し（道中合羽）
- 煙草入れ
- 矢立
- 手甲
- 小倉帯
- 早道（小銭入れ）
- 股引
- 脚絆
- 草鞋

天秤棒（近江八幡市立資料館蔵）

早道
道中で、小銭をすばやくとりだせるように、帯にはさんで持ち歩いた小銭入れ。早道とは本来「急いで道を行く」「手軽な方法」という意味です。上部には円筒状の印籠がついており、薬や小さな金貨銀貨などを入れました。　（五個荘近江商人屋敷藤井彦四郎邸蔵）

16

手形挟みと印鑑入れ

手形挟み…手形は印を押した証書で重要な書類。2枚の板の間に手形を挟み、紐でくくります。この裏に持ち主の住所と名前が墨で書かれています。

印鑑入れ…皮製の巾着。印鑑が入っています。印鑑は為替手形や各種取引で必ず必要となる商売に欠かせない道具のひとつです。　　　　（五個荘近江商人屋敷藤井彦四郎邸蔵）

雪中行商図

雪道を3人の近江商人が歩いています。前を歩く2人は、荷物を風呂敷に包んで背負い、後ろの人は天秤棒と行李で荷物を運んでいます。　　　（邨松雲外画　聚心庵蔵）

携帯方位磁石兼日時計

磁気のある鉄が北を指す性質を利用した方位測定道具。磁針は中心で支え、円盤には目盛りと方位をあらわす十二支が、時計回りについています。

また目盛りの盤上に指針を立て、太陽の動きで変化する指針の影の目盛りをよんで、時刻を知ることができる日時計つきの便利なものです。

（五個荘近江商人屋敷藤井彦四郎邸蔵）

麻布の見本帳と小間物の見本帳

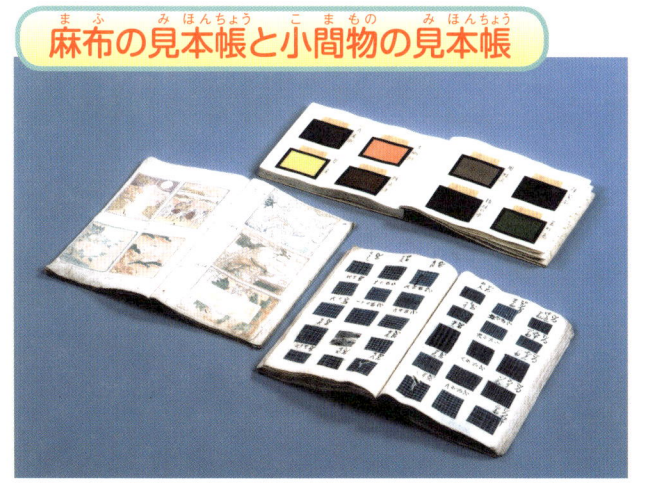

切本帳

文政2年（1819）正月に作られた縞模様の布の見本帳。チェック模様や縦縞など、細かい糸でていねいに織られた縞柄に番号がつけられています。この帳面の最初には、「この帳面を差し上げますのでこの中にお好みの『嶋柄』があれば印をつけてたくさんご注文ください」と書かれています。

（能登川博物館蔵）

17

近江商人の商い

各地の特産物を人々に

近江商人の商いの手法は「諸国産物まわし」といわれています。
近江の特産物を各地へ持ち下り、そして、北海道の海産物や山形の紅花、関東や東北の生糸などの原材料を「登せ荷」として、上方（京・大坂周辺）に持ち込み加工し、商品として再び「下し荷」として販売するといった、各地の産物を売れ行きの良いところへ回転させる商法です。出店を持つようになると、大規模に行いました。

諸国産物まわしのしくみ

登せ荷	下し荷
全国から上方に運ばれた産物のこと	上方から全国各地に運んだ産物のこと

 ⇄

山形県最上川周辺で栽培されたベニバナ　　　塚本家が商った「小町紅」

代表的な産物（登せ荷）：ニシン、荒巻鮭、干しなまこ、干しあわび、塩鮭、魚油、生糸、青苧（麻布の原材料）、紅花、木材など

代表的な産物（下し荷）：口紅などの化粧品、生活用品、着物（古着）、たばこ、綿、米、漆器、陶器、味噌、薬など

　当時は京に向うことを「のぼる」といいました。現在は道路や列車は東京に向かうことが「のぼり」になっていますが、これは東京が首都になった明治になってからのことです。ながく都がおかれた京都には、当時の先進的な産業が発達していました。

　山形県の庄内川流域は現在も「紅花」の栽培が盛んですが、ここで栽培された紅花は、収穫後「紅餅」に加工され、近江商人が上方に持ち帰りました。

　上の写真は五個荘商人の塚本定右衛門家に伝わる「小町紅」という商品で、紅花から作られた口紅です。紅花を扱った商人は多く、紅屋・紅忠などの屋号をつかっています。

知識をひろげる　おせち料理は近江商人のおかげ

　おせち料理というと正月の祝いの料理のように思いますが、かつては宮中の「節句」を祝う時の料理でした。江戸時代頃から正月料理をおせち料理と言うようになりました。

　おせちにつきものといえば「数の子」「ぼうだら」「昆布」が挙げられます。いずれも北の海の幸ですが、これらは、北海道に渡った近江商人が漁場を開発して収穫し、日本海を通って上方や江戸に持ち込んだことが始まりとされます。京都の「にしんそば」、大阪の「吹き寄せ昆布」などは、近江商人の活躍から生まれた名産といえるのです。

正月の祝い膳の復元（近江商人博物館蔵）

19

近江の特産物

どんなものを売っていたのだろう

　近江から全国各地に出向いた近江商人は、近江で生産された近江の特産物を持ち下って、販売しました。これらの商品を近江商人が全国へと売り歩いたことから、近江での特産品づくりは問屋制家内工業という方式で発展しました。
　ここでは、近江商人の主な「下し荷」をご紹介します。

近江麻布

　近江では、江戸時代に湖東地方で麻が多く栽培されていました。農家では、米作り以外の現金収入として麻から麻糸を作り、この麻糸を織って麻布が盛んに作られました。

　麻布は丈夫で夏には涼しく、「近江上布」や「高宮布」の名前で特産品として、近江商人の主な持ち下り商品となって全国に販売されました。

　木綿や化学繊維の普及で、麻布は衰退しましたが、近年では麻が人に優しい自然素材であることから、再び注目されています。

蚊帳・畳表

　蚊帳の材料となる麻糸や畳表の原料のい草は、湖東地方の農家で盛んに作られました。江戸時代の初め頃、八幡商人の西川甚五郎が萌黄色に染め赤色の縁をつけた「萌黄蚊帳」を考え出し、江戸で「もえぎのかや～」と歌わせて安く販売したので大ヒットしました。

　また、政治の中心地となった江戸では、全国の大名屋敷や人口増加による住宅の建設が盛んとなり、上質な近江の畳表の需要が高まっていたのです。

浮世絵に見る蚊帳の図

高宮布を売る店　『近江名所図会』より

日野椀

　室町時代には日野に塗師（木の椀に漆を塗る職人）が多く住んでいて、日野椀が生産されていました。江戸時代になると、日野商人が地元で生産されたこの日野椀や合薬を持ち下り商品として、主に関東地方で販売しました。日野椀は、安くて手触りが良くあまりにも売れ過ぎて、日野商人の立ち入り禁止令が出るほどでした。

　また、日野の領主の蒲生氏郷が、天正12年（1584）に伊勢国松ヶ崎（松阪市）に、さらに陸奥国会津黒川（会津若松市）に移転した時、氏郷につき従った塗師が、その地に漆塗りの技術を伝えたと言われています。

日野椀（近江日野商人館蔵）

合薬

　江戸時代の中ごろ、商人から医師に転向した日野の正野玄三が、元禄14年（1701）に自宅で携帯用常備薬「万病感応丸」を製造したのが始まりとされます。

　江戸中期の寛保3年（1743）には、日野で109人の製薬業者が合薬を製造して、日野商人が全国で販売しました。現在も、日野町で製薬業が盛んですが、その起源は江戸時代にありました。

万病感応丸（近江日野商人館蔵）

知識をひろげる　北関東で醸造業を展開

　日野商人の多くが、関東地方で酒や味噌・醤油などの醸造業を営んでいました。明治39年（1906）の調査では、日野商人の総出店数252店の内60店以上が醸造業を営んでいます。

　江戸時代、酒を造るためには酒蔵・酒造道具とその土地での「酒造株（酒造りをする権利のことで役所の許可が必要）」を持つ必要がありました。

　日野商人が醸造業を始めた理由は、大消費地の江戸に近く、金融業（お金の貸し借り）で得た米や大豆を有効に利用するために醸造業を営んだと言われています。

埼玉県秩父市の矢尾酒造

栃木県みどり市の岡直三郎本店

ものしりコーナー

近江商人図鑑②

今に伝わる商家の教え

　近江商人たちは、家業の繁栄と永続を願って、自らの人生でつちかった経験を「家訓（かくん）」や「店則（てんそく）」「遺言書（ゆいごんしょ）」「口伝（くでん）」など様々な形で、子孫たちに伝えています。
　先人の知恵を受けつぎ、さらに次代へとひきつぐために、書き残した書や画、伝えられたエピソードは近江商人の知恵の結晶（けっしょう）と言えるでしょう。

①奢者必不久

　「奢（おご）れるものは必ず久しからず」と書かれています。豪商（ごうしょう）となった遊見（ゆうけん）ですが、いつも質素な身なりで始末（しまつ）（倹約（けんやく））につとめました。
　「必要以上に贅沢（ぜいたく）をし、きままなふるまいをするものは、必ず長くその身を保つことができない」という意味です。

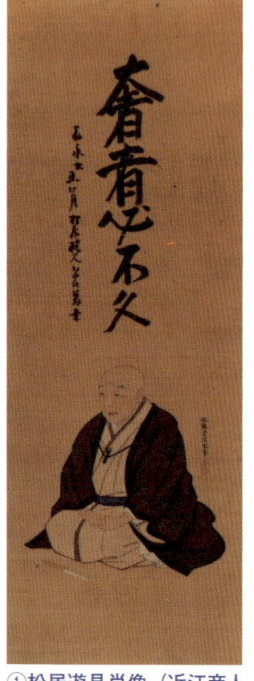

①松居遊見肖像（近江商人博物館蔵）

②塚本定右衛門家創業者の図（つかもとさだえもんそうぎょうしゃ）

　行商の途中、「風鈴（ふうりん）も動いてこそ鐘（かね）が鳴（な）る。自分もじっとしていては、金（かね）は成らない」と悟（さと）り、「かせがずにぶらぶらしてはなりませぬ　一文銭（いちもんせん）も頼む身なれば」と詠みました。
　塚本家では毎年正月にこの掛軸（かけじく）をかけ、創業者の精神を学んでいました。

②塚本定右衛門家創業者の図（聚心庵蔵）

③西川利右衛門家家訓（りえもん）

　西川家から別家（べっけ）する人に渡された家訓で、中国の儒学者（じゅがくしゃ）が説いた「先義而後利者栄」の影響を受けたものと考えられます。
　「道理（どうり）をわきまえて商いをすれば、利益は自然についてくる。利益を上げることは悪いことではなく、それに見合った社会貢献（しゃかいこうけん）することが大切である」という内容です。

③西川庄六家に残る西川利右衛門家家訓（個人蔵）

④外村与左衛門家心得書

儒教の教えにからめて、商家のあり方が詳しく書かれています。「自分も他の人も共に良くなることを考え、目先の利益に迷わず、永い目で見た商いをしなさい」と遠い先まで見すえることが大切であると教えています。

五個荘商人の外村与左衛門家の10代目が書いたものです。

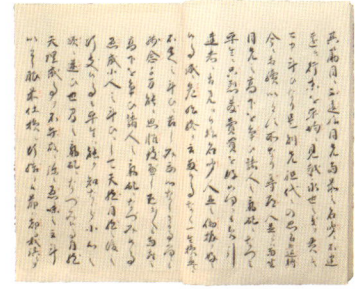

④外村家心得書（個人蔵）

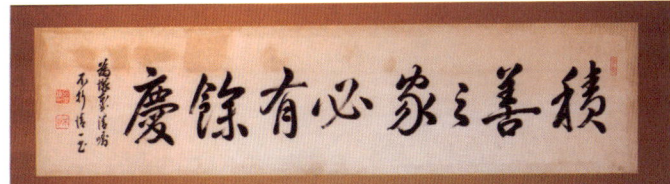

⑤塚本喜左衛門家家訓（個人蔵）

⑤塚本喜左衛門家家訓

中国の古典「易経」の中の一文。同家では、「善い行いをしつづければ、必ず子孫によいことがある」として、現在でも受け継いでいます。

⑥自彊不息

「自彊息まず」とは「常に自分からつとめて休まず励む」という意味です。

五個荘商人の高田善右衛門は、戦前の教科書で、苦労を重ねて努力した近江商人の典型として紹介されています。

⑦長者三代鑑

一番下には懸命に働く創業者が描かれ、2段目に芸事などに夢中になる2代目のようす、そして上段には没落した3代目が描かれています。

「創業者の苦労を忘れるな」との戒めが伝わります。

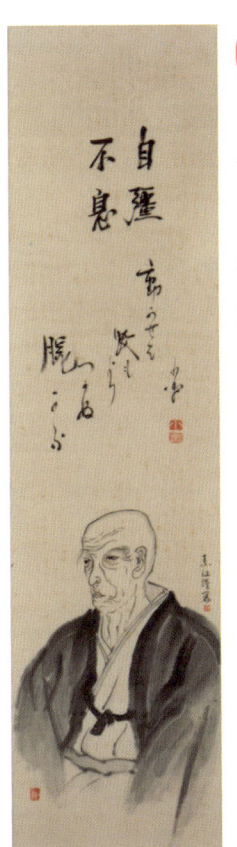

⑥高田善右衛門肖像（近江商人博物館蔵）

⑦塚本喜左衛門家の「長者三代鑑」（個人蔵）

23

近江商人のくらし
どんな人生を過ごしたのだろう

近江商人の一生

　近江商人の特色として、近江の本宅は商いの最前線ではなく、全国各地の出店が現在でいう営業拠点でした。その出店で働く人は、近江の本宅で採用された人びとでした。

　本宅では丁稚見習いとして、10歳くらいから商人としての基礎的な教育が行われ、その子の能力や適性が判断されます。

　丁稚として、出店で仕事ができるようになっても何回もの昇進試験（登り）があり、番頭、支配人と出世するのは並み大抵ではありませんでした。能力がないとみなされると、近江に帰され、解雇されました。

お店行きはエリートコース

近江商人の里の子どもたちは、「丁稚さんに行けんほん！」としかられると、おとなしくなったといいます。近江商人がたくさん成功している姿を間近で見ている子どもたちにとって、大きな商家へ丁稚奉公に行って、一人前の商人になることは、あこがれでした。

寺子屋や本宅での教育期間を無事通過することが、エリート商人への第一歩でした。丁稚から、手代、番頭、支配人となり、別家（のれん分け）をしてもらえる商人は、ほんの一握りの優秀な人に限られていたのです。

近江商人の立身出世

五個荘近江商人屋敷の近江商人像

知識をひろげる　隠居後ものんびりはしていません

近江商人の主人や番頭は、時期が来ると、仕事の責任を次の世代にバトンタッチして、実務から離れて近江の本宅で暮らします。

しかしのんびりと趣味に生きるというだけではなく、地域社会の中で、多くの世話役を引き受けたり、公共事業や教育の充実、治山治水事業など、ふるさとや自分が商売をしていた地域の人びとの暮らしが良くなるように、積極的に活動をしました。

そういった社会貢献に感謝して、各地で地域に貢献してくれた人をたたえる石碑が建てられています。

あなたの町にも、近江商人をたたえる石碑がひっそりと建っているかもしれません。（34ページ参照）

近江商人の里の教育

丁稚の教育は本宅で

室町時代、僧侶が付近の子どもを集めて読み書きを始めたのが寺子屋の始まりです。江戸時代中期に本格的に普及しました。

学習内容や就学年齢などは、寺子屋ごとにちがいました。朝8時から午後2時頃までが通常の学習の時間でしたが、家業の手伝いなどで、午後には出席率が低くなっていました。寺子屋では、子どもの家庭の事情や学習の進み方にあわせて、一人ひとりを個別に指導したのです。

東近江市の五個荘地域には、江戸時代に10校の寺子屋がありました。明治時代になって、小学校など学校の制度が始まるまで続いています。これらの寺子屋には、1校当たり平均110名の子どもが学んでいましたが、この数は、全国的にも多く、しかも1校あたりに占める女子の数が多かったことも、大きな特色です。また、近江商人の里らしく、10校のうち7校もの寺子屋が、そろばんをはじめ算数を教えていました。

近江商人の妻の役割

近江商人の商いは、全国各地に広がっていました。出店で働く人びとは男性だけで、主人でも奉公人であっても、妻や子どもを近江に残して、単身で各地の出店に出かけていました。

一度近江を出ると、数カ月から1年と長期にわたって不在なので、本宅の妻は、丁稚見習いを面接し、店へ出るまでの間、行儀作法や「読み・書き・そろばん」を教えながら、使いや子守などをさせて、その子の能力や適性を判断する重要な役目を持っていました。

往来物　江戸時代　時習斎蔵書（近江商人博物館蔵）

しつけ・家事

接客

採用試験

寺子屋の一年間

時期	行事	休み
正月　5日	●書初め（かきぞめ） しるこ餅が出され、福引きなどのレクリエーション	↑長休み 1/16 【三日の休み】 毎月1・15・25日
25日 ※毎月25日におこなう寺子屋もある	●天神講（てんじんこう） 座敷の正面に菅原道真公（すがわらのみちざね）（天神様）をまつり、手習学問の上達を祈願（きがん）　そのあとご馳走（ちそう）を楽しむ	
末 （毎月末に行う）	●小さらい　―読み方の試験―	
2月　初午（はつうま）	●寺子はめいめい色紙の幟（のぼり）を作り、稲荷神社へ立てにゆく ↓ 学業奨励（しょうれい）のちなみもの ※江戸では、この日や五節句の日を選んでの入門が多い	【初午休み】
4月	●席書（せきかき）　―習字の試験―	4/2～4 【上巳（じょうし）の節句休み】
5月		5/4～6 【端午の節句休み】
6月　1日	●大暑の季節により、午前中だけの半日授業	
7月　7日	●七夕祭（たなばた） 筆や硯（すずり）を洗い清め、里芋（さといも）の葉の露で墨をすり、書いた色紙や短冊を笹の葉に結ぶ ↓ 筆跡の上達や将来の出世を星に祈願	7/5～7 【七夕の節句休み】
8月	●席書　―習字の試験― その場で書いた寺子の書を教場の四面に張り出して、人々に観覧してもらう そのあとにご馳走を楽しむ	8/15～16 【盆休み】
9月		9/8～9 【重陽（ちょうよう）の節句休み】
12月	●大さらい　―読み方の試験― いずれの試験も、好成績者は師匠からご褒美（ほうび）をもらう　筆や半紙など	12/17～ ↓長休み

近江商人が創った学校

　明治になって学制が整うと、それまで寺子屋で基礎教育を受けていた子どもは小学校に入り、さらに上級学校に進む子どもも出てきます。
　近江商人が多く誕生した県内の地域では、商人にとっての近代的な教育の必要性を感じた人々によって、新たな学校建設の動きが見られます。

近江商人の士官学校といわれた八幡商業学校

　明治19年（1886）滋賀県商業学校として開校した県立八幡商業高校（近江八幡市）は、2代目伊藤忠兵衛を始め歴代の伊藤忠商事の社長や、女性下着メーカーのワコール創業者塚本幸一ら、経済界で活躍する卒業生が多く、評論家の大宅壮一は、「近江商人の士官学校」と呼びました。
　土井晩翠作詞の校歌には、広く海外を視野に活躍する様子がしめされ、早くから商業英語の授業を取り入れるなど、即戦力となる商人の養成を積極的に進めました。

藤井善助と神崎商業学校

　明治40年（1907）、神崎郡立神崎実業学校の設置が認可され、翌年6月に滋賀県神崎郡北五個荘村（東近江市）に新校舎が完成。校名を神崎商業学校と改めました。
　この学校の設立に力を尽くしたのが当時、北五個荘村村長をしていた近江商人藤井善助でした。この学校の特色は「誠実で熱心に勤勉に働く伝統的な近江商人」を養成する教育を大切にしていました。
　また、欧文、和文タイプライターの練習、行商など実際の商売で必要な技能の訓練に力をそそいだので、多くの新しい時代の近江商人が育っていきました。

藤井善助

郡立神崎商業学校（東近江市五個荘小幡町）

女子の教育の機会を　塚本さとと淡海女子実務学校

近江商人塚本定右衛門の五女の塚本さとは、大正8年（1919）、私財を出して神崎郡北五個荘村竜田（東近江市）に私立淡海女子実務学校を創立しました。さと77歳の時です。

時代の急速な進歩と変化に対応でき、近江商人発祥地にふさわしい商業的知識を持った女性の養成が必要と考えたのです。

塚本さと

のちに淡海女子高等女学校となり地域の女子教育に大きな功績をあげました。

淡海女子実務学校（東近江市五個荘竜田町）

ヴォーリズの設計、丸紅専務古川鉄治郎が寄贈した東洋一の小学校

豊郷町役場の北、中山道に沿って白い優雅な小学校が見えます。これは、日本を代表する商社の伊藤忠商事㈱・丸紅㈱の前身にあたる伊藤忠兵衛商店専務の古川鉄治郎が昭和12年（1937）に私財を投じて、出身地に寄贈したものです。当時東洋一の小学校と言われました。

設計を、近江八幡市の建築家で教育者として有名なメレル・ヴォーリズに依頼し、何よりも、子どもたちが安全快適な学校生活が送れることを望んで建設されました。現在でもその建物が保存され、その美しい姿を見ることができます。

豊郷小学校（豊郷町）

松居泰次良と西押立国民学校

西押立国民学校（東近江市北菩提寺町）

滋賀県愛知郡下一色村（東近江市）に生まれ、大阪でメリヤスの生産で成功した松居泰次良兄弟が、地域における子どもの教育の重要性を考え、小学校の建て替えに力を尽しました。

自分たちの名前を出さないことを条件に、建築費の大半を寄付し、昭和18年（1943）に西押立国民学校が完成しました。現在は登録文化財として当時の建物が保存されています。

29

ものしりコーナー

近江商人図鑑③

ふだんは質素倹約、ハレの日は豪華に

　近江商人の普段の食生活は、自給の米と野菜を中心とした質素なものでした。しかし、正月やお祭といった一年の節目や、結婚式のような人生のハレの日には、京都の錦市場から山や海の珍しい食材を取り寄せたり、料理人を雇い入れて調理をさせるなど豪華な食事をしています。

　東近江市の近江商人塚本源三郎家の記録から、当時の食事のようすを紹介しましょう。

正月の祝い膳

　近江の冬には豊かな食生活があります。年に一度、主人が本宅でくつろげる季節です。正月には、久しぶりに本宅に戻った主人を中心に、家族・使用人全員が膳を囲んで祝います。
　商家では、ネズミがいると家が繁盛するといわれることから、年末に搗いた餅を小さく切って、ネズミの通り道に供えて「商売繁盛」を願う「ねずみ正月」をします。商家ならではの正月行事といえます。

夏の朝ごはん

　番頭さんの在所登りを迎える夏の朝のご飯。夏、食欲がないときには香りが良く、食がすすむハスの若葉や柚子の葉を細かく刻んで塩加減して、焚き上がったご飯に混ぜます。
　そしてお盆には、商売繁盛は先祖のおかげと感謝して親類が集まり、お経をあげ、全員に葛餅がふるまわれます。お盆は夏の大事な行事です。

ごはんもののいろいろ

　米は自ら水田で作っていて、自給できるので、季節の野菜を取り込んだいろいろなご飯ものが工夫されています。彩りよく、食欲がわく工夫がされています。

木ノ芽でんがく

五個荘の春祭りは、各家庭で、芽吹いた木ノ芽で木ノ芽でんがくを作ります。主人や店の者の大半は留守ですが、本宅では木ノ芽でんがくのほか、タケノコの煮物、五目ずしや巻きずし、鮒の子作りなどのごちそうが準備されます。

でっちようかん

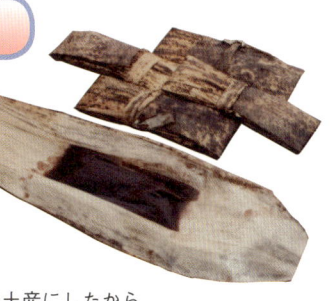

ふだんの上等なおかしとして、しばしば作られます。小豆と黒砂糖で餡をつくり、小麦粉を入れて竹の皮に包んで1時間ほど蒸すと、できあがります。
名前の由来は丁稚が里帰りの土産にしたから、または丁稚でも食べることができる菓子ということから命名されたといいます。

近江商人のランチボックス

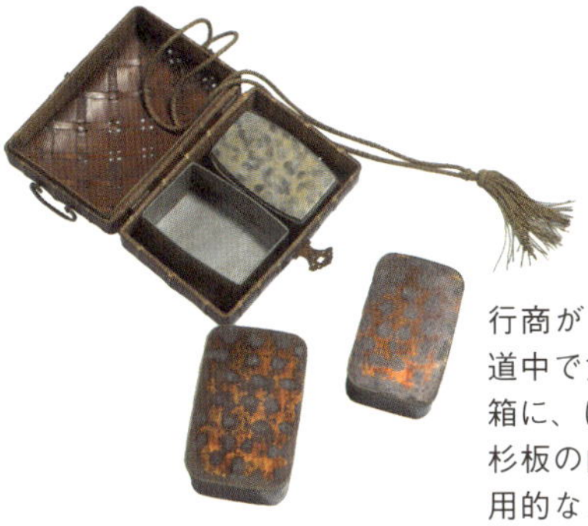

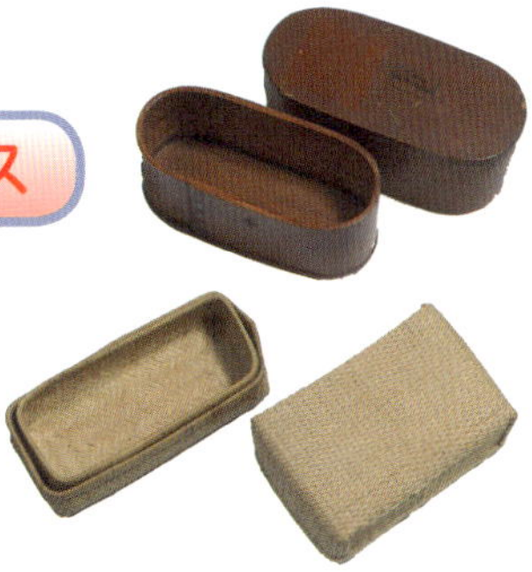

行商用弁当

握り飯と漬物が入っています。

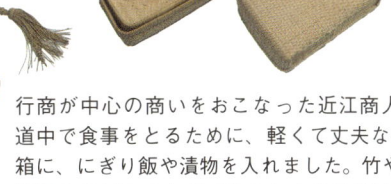

行商が中心の商いをおこなった近江商人は、道中で食事をとるために、軽くて丈夫な弁当箱に、にぎり飯や漬物を入れました。竹や柳、杉板の曲げものなどで作られた弁当箱は、実用的なだけでなく、形へのこだわりも感じられます。

※このコーナーで紹介した資料は、近江商人博物館蔵

知識をひろげる　山形名物「おみ漬け」と近江商人

　山形名物に「おみ漬け」というものがあります。青菜や大根を小さく刻み、しその実を加え塩や酒を入れて漬けたもので、山形県内陸部の郷土料理です。今では、山形名産として県内はもちろん全国にまで販売され、人気を集めています。

　とくに納豆ごはんには欠かせないという人気上昇中の漬物ですが、そもそもこの漬物は近江商人が冬の常備食としてつくっていたものです。近江商人の店でつくられたことから「近江漬け」と言っていたのが、次第に「おみ漬け」となったものです。

　質素倹約、始末してきばるを暮らしの基本とした近江商人が、野菜の切れ端などを大事にして、残り野菜を利用して漬けものにしたことがルーツです。

　紅花を求めて山形に出店した近江商人の食文化が、現在にまでこの地に根付いているのです。

近江商人が大切にした商いのこころ

売り手によし　買い手によし　世間によし
三方（さんぽう）よし

　五個荘商人の中村治兵衛が、幼いあとつぎに残した遺言状（ゆいごんじょう）には、近江商人たちが大切にした商いの心が記されていました。

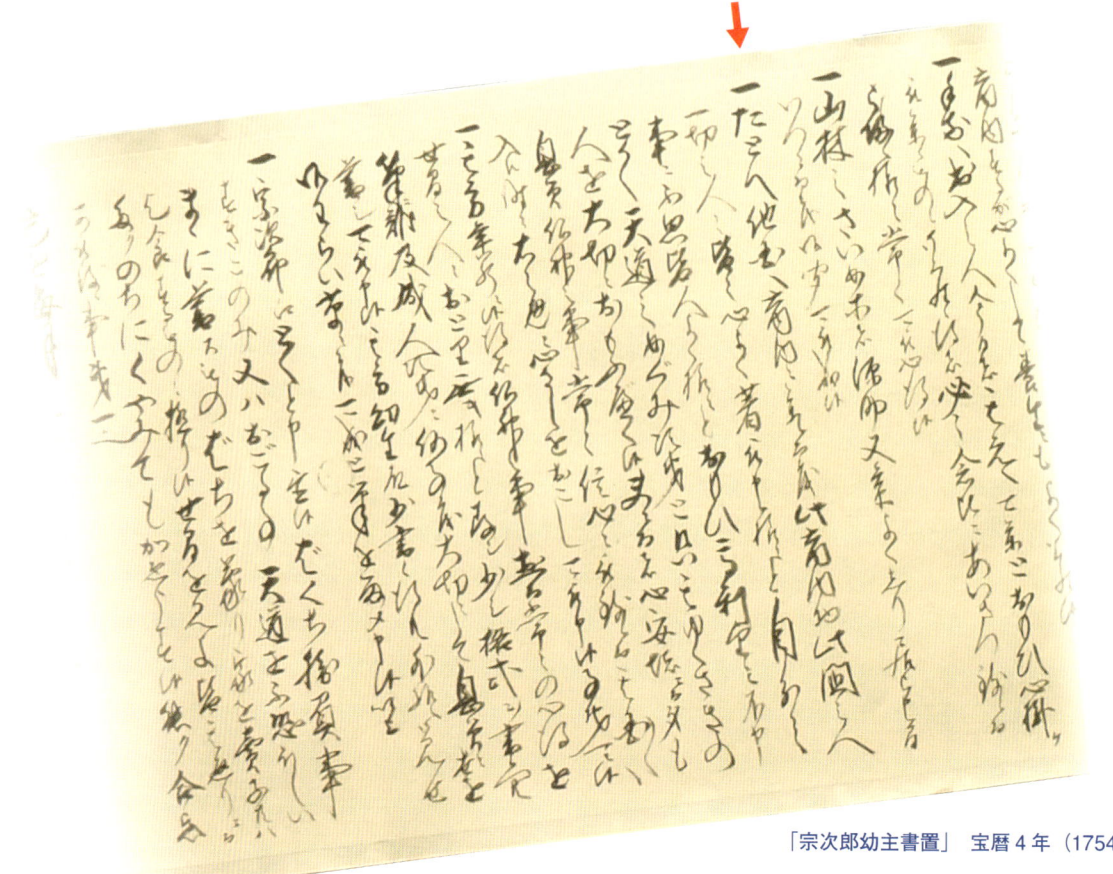

「宗次郎幼主書置」　宝暦4年（1754）

　上の写真は2mに及ぶ長い文書です。近江国神崎郡石馬寺村（いしばじ）（東近江市）の近江商人中村治兵衛（じへえ）の幼いあとつぎを思う気持ちが、切々と書かれています。

　この中で「たとえ他国（たこく）に行商に行っても、この商品の着物が、そこの国の人みんながよろこんで着てもらえるように思い、自分の事ばかり思わず、みんなが良くなることを思い、（中略）、その行く先の人を大切に思いなさい…」という内容が書かれたところが、のちに「三方よし」といわれる近江商人の商いの精神を示しています。

　ここには「三方よし」という言葉は出てきませんが、のちに近江商人研究者が、すべての人を大切にする商業の考え方をわかりやすく伝えるために、近江商人の商いの精神を「売り手によし　買い手によし　世間によし　三方よし」と表現しました。

　近江商人たちの商売は、売り買いする人どちらにも利益のあることは当然のことながら、さらに、世間（地域社会全体）にも利益になることを目指しました。近江国（滋賀県）から他の国（現在でいう県外）に出かけて商売を行った近江商人は、行く先の人々から必要とされる商人であることが、最も大切であったのです。

　そして、始末してきばって得た商いの利益は、その土地の人々のために惜しみなく使って、社会に貢献しました。

地域のため　社会のために
―「三方よし」を実践した近江商人たち―

治山治水事業に尽くした塚本定右衛門

　近江国神崎郡川並村（東近江市）の近江商人初代塚本定右衛門は、19歳の時、東北地方への行商を始め、やがて甲斐国甲府（山梨県甲府市）に小間物問屋を開業し、次第に事業を拡大しました。

　2代目定右衛門（定次）は、「薄利広商（少ない利益で商売をひろげていく）」をモットーに、東京に進出し、近代化を進め、現在につながるツカモトコーポレーションの基礎を築きました。

　幕末・明治時代の著名な政治家勝海舟が『氷川清話』で「定右衛門は、本気のすごい人だ」と感心しています。洪水や土砂くずれの防止として、創業の地、山梨県での植林事業や滋賀県内での治山治水事業の成果は今も各地に残り、石碑が建てられ功績がたたえられています。晩年は地元で地域発展のために活躍しました。

山梨県の塚本林（山梨県庁提供）

塚本家　地山治水史跡図

藤井善助と有鄰館

　天秤棒を担いで全国に商品を売り歩いた商人も、明治時代に入ると、交通や通信の発達により、行商は時代に合わなくなりました。

　また、かつては寺子屋で学んだ商人の子どもたちは、実務を学校で学び海外に遊学して、近代的で先進的な知識を吸収してきました。そして、新しい時代の近江商人として、新たな事業を展開する企業家として活躍します。その新しい時代の近江商人の一人が4代目藤井善助です。

　のちに国会議員となり、事業は弟の藤井彦四郎が引き継ぎましたが、海外で吸収した知識と広い交友関係は、交通や金融の事業に広がり、一方で幅広い文化活動の支援を行いま

した。
　現在、京都市岡崎の有鄰館には、善助が東洋美術の散逸を防止するために収集した、中国美術のコレクションが収蔵され公開されています。企業経営、政治家として、そして文化の保護者として幅広い活躍をしたのです。

有鄰館（京都市）

五個荘近江商人屋敷藤井彦四郎邸（東近江市）

困っている人を助ける
災害被害者支援
財産に見合った社会貢献に使う
地域産業の振興
学校・教育・橋など公共施設への応援

中井源左衛門親子の陰徳善事

　陰徳善事とは、人の知らないところで、人のためになることをすることです。日野商人の中井源左衛門、正治右衛門親子の社会貢献事業は、現在でも滋賀県に多く残ります。中井源左衛門は、わずかな資金を元手に商いを始め、ついには仙台藩の財政を担当するまでになった商人です。

　彼らの社会への資金提供は、瀬田唐橋の架け替え工事、逢坂山の車石の敷設、東海道など街道の常夜灯の設置など数えきれないほどあります。

　橋の架け替えや、常夜灯の設置については、その時の必要費用のほか、将来の工事に必要な積立金や維持管理費なども併せて提供しています。長期的な事業計画を常に心がけた、近江商人ならではの社会貢献といえます。

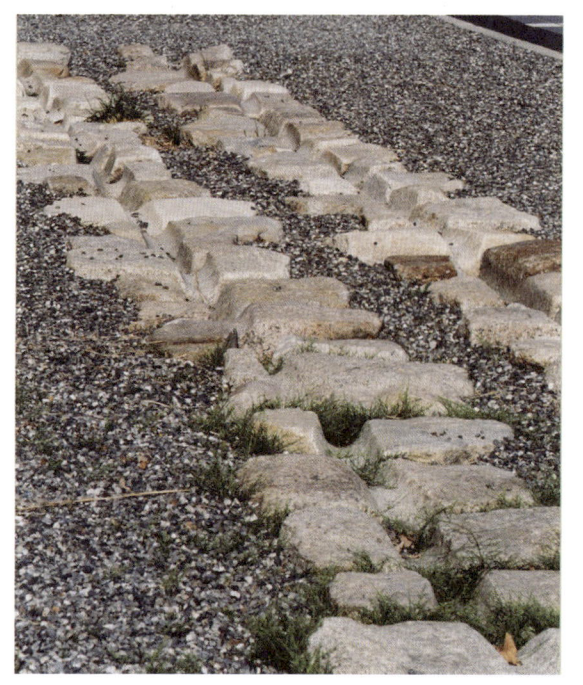

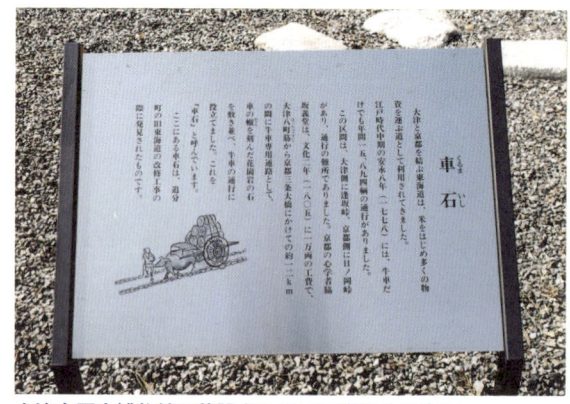

大津市歴史博物館に移設されている逢坂山の車石

瀬田唐橋

草津川沿いの常夜灯

お助け普請という陰徳善事

　江戸時代、悪天候が続くと農作物などが凶作になり、社会状況は途端に悪化します。こうした不況期に、自宅や寺社の新築や改築工事を行ったことを、「お助け普請（飢饉普請）」といいます。

　現在では不況対策として、国や県、市町が公共事業を増しますが、当時は商人たちが代わって行いました。工事を新たに行うことで、地域経済の活性化をめざしたのです。

　「豊会館」として公開されている豊郷町の旧藤野四郎兵衛邸や「近江日野商人館」の旧山中兵右衛門邸などは、お助け普請で建設されたものです。

豊会館

近江日野商人館

知識をひろげる　近江商人の鉄道事業

　明治29年（1896）地元資本の出資で彦根〜愛知川〜八日市〜貴生川を結ぶ近江鉄道の建設が始まりました。かつての伊勢詣りのためのルートに、鉄道を敷くことが目的で、湖東地方の近江商人の出資で着工しました。

　ところが着工の年、滋賀県では未曽有の大水害となり、最初から数々の困難の中、明治31年（1898）に一部開通。その後も経営状況は深刻でしたが、昭和3年（1928）には全線が電化されました。

　その後は、湖南鉄道（現在の近江鉄道八日市線）との合併などで路線拡張し、昭和18年（1943）には秦荘（現在の愛荘町）出身の堤康次郎が経営を引き受けました。

近江鉄道

近江商人と文化・芸術

才能を引き出し、育てた商家の人びと

　行商から出発した近江商人も、大成すると次第に交流範囲が広がり、文化人や画人が商家に滞在するようになります。さらに交流が深まってくると、その才能や芸術に積極的に支援するようになりました。

　江戸時代、商人は「士農工商」の身分制度で最下層とされました。しかし、経済の担い手であった商人はまた、芸術の担い手でもありました。

近江に訪れた文人たち

　琵琶湖と四方を取り巻く山々には優れた景観があり、古くから信仰された社寺や霊場もあって、多くの人々が近江を訪れました。

　特に、江戸時代中期以降になると、京都・大坂の文化人や画家が近江に来ていますが、多くの場合は自らの創作活動を援助してくれる人を頼っての来訪でした。その援助者の多くが、近江商人でした。

　近江商人は、商売が大きくなるほどに武士や公家などの上流階級とのつき合いも多くなり、茶道や華道、和歌や俳句などの高い教養が求められました。

　また、立身出世を果たし、商業を引退した後には、再び郷里の寺子屋で高度な学問を学んだ人もいました。こうした近江商人の高い教養と美意識は、庭園や住居・お祭りなど衣食住の全般に及び、質の高い商人文化を育てました。

『楼閣山水図』　塩川文麟画（個人蔵）

京都画壇(画家が集まる団体)と近江商人

　近江商人は京都画壇との交流が深く、江戸時代終わりごろの激動期には、戦乱の京都からのがれ、近江の商家に長期にわたって滞在した人が少なくはありません。こうした一人が、京都四条派の塩川文鱗です。文鱗は勤皇の志が強く、安政の大獄事件前後10年間を日野や湖東を中心に滞在していました。ほかにも近江商人の後援を受けて活躍した画人たちに富岡鉄斎、曽我蕭白、横井金谷、岸竹堂、竹内栖鳳、上村松園らがいます。

　江戸時代後期の洋風画家の司馬江漢は、日野の中井源左衛門家に長期間滞在し、この間に源左衛門の肖像画を描いています。右の絵は、司馬江漢の筆によるものです。

中井源左衛門画像

知識をひろげる　日仏文化のかけはし「薩摩治郎八」

　豊郷町出身の豪商、薩摩治兵衛の孫に当たる薩摩治郎八は、若くしてヨーロッパに留学し、豊富な仕送りを受けて、フランス社交界の花形的存在となり、バロン(男爵)薩摩と呼ばれていました。治郎八は、日本から留学していた洋画家の藤田嗣治や作曲家ラヴェルらと親しく交際して、フランスの文化を吸収します。そして、フランスの文化を日本に紹介する事業を行うなど、日本とフランスの文化の懸け橋として活躍しました。

　さらに、財政難だった日本政府に代わり、日本からフランスへの留学生のための宿舎「パリ国際大学都市日本館」を独力で建設しています。豊富な資金力で収集した美術品をプラハ国立美術館に寄贈するなど、限りない文化的支援の足跡を残しました。

　しかし、世界大恐慌のあおりで、実家が倒産し、無一文で帰国しています。見返りを求めることなく、日仏文化交流に尽くした治郎八は放蕩息子と言われても、その体のなかには、陰徳善事を旨とする近江商人の血が流れていたのでしょう。

薩摩治郎八

商家に生まれ、才能を開花させた人びと

近江商人は、文化を愛し芸術家を支援するだけでなく、自らの一族や丁稚でも、芸術の才能のある者は支援してその才能を華咲かせました。それは、商業と同様に適材を適所に配置する合理的な精神でした。

近代風景画の先駆者　野村文挙

近江国神崎郡北庄村（東近江市）に本拠を置き、京都で呉服店を営む野村宇兵衛の長男として安政元年（1854）に生まれ、14歳で、浮世絵師の梅川東挙に絵を習い、後に塩川文麟の教えを受け、文挙と名乗りました。

第1回内国勧業博覧会に「高尾霜葉図」で受章後、高い評価をうけ学習院の教授となりました。文挙の絵画は、江戸時代の伝統的な写生画に近代的な描き方を加えた風景画を得意とし、日本近代風景画のさきがけと評価されています。

『近江八景図堅田落雁』　野村文挙画（滋賀県立近代美術館蔵）

そろばんを絵筆に替えた邨松雲外

本名を由松といい、明治3年（1870）近江国愛知郡小田苅村（東近江市）で石島左治右衛門・きみの次男として生まれました。13歳で五個荘商人の塚本定右衛門家の丁稚となりましたが、絵を描くことに熱中する様子を見た主人に画家になることを勧められ、20歳で森寛斎に絵を習いました。

明治27年（1894）の第3回日本青年絵画共進会での受賞をはじめ、パリ万国博に「水墨山水」を出品、セントルイス万国博では「雪中の松」が銀賞になりました。大成してからも郷里を大切にし、塚本家や地元の社寺に多くの作品が残っています。

『雪中行商図』　邨松雲外画（聚心庵蔵）

商店もの作家といわれた外村繁

　本名は茂。明治35年（1902）滋賀県神崎郡南五個荘村金堂（東近江市）で生まれ、京都第三高等学校に入学したころから文学に関心を寄せ、東京帝国大学に進学後は、梶井基次郎らと文学雑誌『青空』を作り、多くの文学作品を発表しました。

　父の死後に外村商店の経営を継ぎましたが、文学の道が捨てられず家業を弟に譲り、小説家として再出発しました。

　『草筏』が第1回芥川賞の候補となって注目され、『筏』が野間文芸賞を受賞するなど、多くの作品を生み出し、常に自らの家（血族）の問題を掘り起し、「自分自身」の存在を問う作品として高く評価されました。

外村繁の作品（五個荘近江商人屋敷外村繁邸蔵）

五個荘近江商人屋敷外村繁邸（東近江市）

郷土を描き続けた野口謙蔵

　明治34年（1901）に滋賀県蒲生郡桜川村綺田（東近江市）に生まれました。野口家は、江戸時代から現在の山梨県甲府市で酒・醤油の醸造業を営む近江商人でした。

　謙蔵は子どもの頃から絵を描くのが大好きで、東京美術学校西洋画科に入学し、卒業後は故郷に帰り、蒲生野の風景を多く描きました。昭和6年（1931）に「獲物」が帝国美術院展覧会で特選となり、さらに「閑庭」「霜の朝」が続けて特選となりました。

　蒲生野の自然と人々の暮らしを詩情豊かに独特の油絵に描き続け、村人から「野謙さん」と親しまれましたが、44歳の若さで亡くなりました。滋賀県の洋画史上最も優れた画家の一人と評価されています。

『霜の朝』　野口謙蔵画（滋賀県立近代美術館蔵）

現代に続く近江商人の企業

なぜ近江商人の会社には、長寿の会社が多いのだろう

　さまざまな理由がありますが、景気に左右されず目先の利益を追わない経営方針、日頃から災害や思いがけない事故に備える心掛け、更に「売り手によし」「買い手によし」「世間によし」の「三方よし」の精神で社会に貢献してきたことが大きな理由と考えられます。

外与株式会社（東京）
元禄13年（1700）創業　外村与左衛門

メルクロス株式会社（東京）
天正13年（1585）創業　西川庄六

塚喜商事株式会社（京都）
慶応3年（1867）創業　3代塚本喜左衛門

株式会社ツカモトコーポレーション（東京）
文化9年（1812）創業　初代塚本定右衛門

西川株式会社（東京）
永禄9年（1566）創業　西川仁右衛門

※写真下の年は創業年、氏名は創業者

柳屋ビルディング株式会社（東京）
元和元年（1615）創業　外池宇兵衛

株式会社高島屋（東京）　天保2年（1831）創業　飯田新七

日本に多い老舗

　創業から100年以上を経た会社を老舗といい、200年以上の老舗が日本には3000社あると言われています。中国の9社、インドの3社、韓国0社やヨーロッパではドイツの800社、オランダの200社と比べても、日本が大変多いことがわかります。

　東近江や湖東地域の近江商人が創業した老舗企業も多数あります。例えば、外市㈱、㈱ツカモトコーポレーション、ツカキグループ、小泉㈱、㈱コスギ、チョーギン㈱、㈱柳屋本店、伊藤忠商事㈱、丸紅㈱など。

　中でも、永禄9年（1566）創業の西川産業㈱、天正13年（1585）創業のメルクロス㈱を筆頭に、元禄13年（1700）創業の外与㈱、寛延2年（1749）創業の㈱矢尾百貨店など200年以上続く企業が数多くあります。

知識をひろげる　ある近江商人の軌跡

　昭和8年（1933）9月20日に、韓国ソウルに6階建てのビルディング「三中井百貨店」が出現しました。社長・中江勝治郎の長年の努力が報われた瞬間でした。

　明治5年（1872）、近江国神崎郡金堂村（東近江市）の小さな商店を営む中江善蔵の長男に生まれた勝治郎は、丁稚奉公の後に家業を継ぎ、大きな志を立てて、日露戦争中、混乱が続く朝鮮半島に進出しました。3人の弟と協力して「三中井商店」を大邱に開店したのを出発点として、米国商業視察で得た知識と持ち前のリーダーシップと四兄弟のチームワークで事業に励み、遂に昭和8年（1933）に「三中井百貨店京城本店」の開店にこぎつけたのです。この後「三中井百貨店」は発展を続け、朝鮮・中国に20数店舗に拡大、昭和17年（1942）には当時朝鮮最大の三越百貨店を超えて「朝鮮・中国の百貨店王」となりました。

　しかし、弟達や勝治郎が亡くなった後、後継者たちのチームワークもなくなり、昭和20年8月の太平洋戦争の日本の敗戦により、日本国外の資産の没収で「三中井百貨店」は消滅してしまいました。

近江商人のことを

近江商人関連 博物館・資料館案内

五個荘近江商人屋敷 中江準五郎邸　東近江市 MAP E-2
〒529-1405 滋賀県東近江市五個荘金堂町643
TEL 0748-48-3399

中江準五郎の本宅を公開。準五郎は戦前に朝鮮半島、中国大陸を中心に二十数店の百貨店を経営した三中井一族の五男です。

五個荘近江商人屋敷 外村宇兵衛邸　東近江市
〒529-1405 滋賀県東近江市五個荘金堂町645
TEL 0748-48-5557

外村宇兵衛は、文化10年(1813)に与左衛門との共同事業から独立して商いを始め、各地に支店を有し呉服類の販売を中心に商圏を広げ、明治時代には全国の長者番付にも名を連ねました。

五個荘近江商人屋敷 外村繁邸　東近江市
〒529-1405 滋賀県東近江市五個荘金堂町631
TEL 0748-48-5676

湖国の生んだ作家外村繁の生家を公開、この屋敷の蔵は、外村繁文学館として、外村の作品や原稿などを展示しています。

■開館時間 9:30～16:30　■入館料／大人600円・小人300円　■休館日／月曜(祝日は翌日)、祝日の翌日、年末年始

近江商人郷土館　東近江市 MAP F-2
〒527-0125　滋賀県東近江市小田苅町473
TEL 0749-45-0002

■開館時間 10:00～16:30　3/1～11/30 火曜、木曜、土曜　■入館料／一般500円、高中学300円、小学100円　■休館日／12/1～2/末、水、金、日曜

江戸時代からの豪商・小林吟右衛門の家屋敷を一般公開した資料館です。資料館と生活館に分かれ、資料館では、帳面類・看板など店の様子や商用具などを展示しています。

野口謙蔵記念館　東近江市 MAP E-4
〒529-1503 滋賀県東近江市綺田町442
TEL 0505-801-3836

■開館時間 10:00～16:30　月・水～金曜は要予約　■入館料／大人200円・大高生 150円　中学生100円　■休館日／火曜(祝日は翌日)、年末年始

造り酒屋を営む裕福な商家に生まれ、東京美術学校西洋画科に進み、生涯この地をキャンバスとした野口謙蔵が使っていたアトリエを改修して公開。

伊藤忠兵衛記念館　豊郷町 MAP F-1
〒529-1168 滋賀県犬上郡豊郷町八目 128-1
TEL 0749-35-2001

■開館時間 10:00～16:00　■入館料／無料　■休館日／月曜、年末年始

日本の商社の源流を作ったと言われる伊藤忠兵衛の旧宅を公開。留学経験のあった2代目忠兵衛は外国の様式を持ち込み重厚な日本建築に、新しさが感じられる。周辺には長兵衛屋敷あとや資金を拠出した豊郷病院などがある。

(財)豊会館(又十屋敷)　豊郷町 MAP F-1
〒529-1174 滋賀県犬上郡豊郷町下枝56
TEL 0749-35-2356

■開館時間 9:00～16:00　■入館料／大人200円、小人(小・中学)100円　■休館日／月・水・金曜

幕末に北海道の松前貿易で成功した藤野喜兵衛の旧宅を公開。彦根藩との深い関係を示す資料が多く展示されています。北海道での鮭缶詰事業は、あけぼの印として現在に引き継がれています。

東近江市近江商人博物館・中路融人記念館　東近江市 MAP E-2
〒529-1421 滋賀県東近江市五個荘竜田町583
TEL 0748-48-7101

■開館時間 9:30～17:00　■入館料／大人300円・小中学生150円　■休館日／月曜(祝日は翌日)、祝日の翌日、年末年始

映像やジオラマを通して、東近江地域が生み出した近江商人やこの地域の魅力を再発見するために、地域の歴史・近江商人の商法や家訓、その暮らしや文化、教育などさまざまな角度から紹介。湖国の風景を描いた日本画家・中路融人の記念館併設。

五個荘近江商人屋敷 藤井彦四郎邸　東近江市 MAP E-2
〒529-1404 滋賀県東近江市宮荘町681
TEL 0748-48-2602

■開館時間 9:30～16:30　■入館料／大人300円・小人100円　■休館日／月曜(祝日は翌日)、祝日の翌日、年末年始

明治40年に藤井糸店を創業した藤井彦四郎邸を公開。鳳凰印の『絹小町糸』の販売や「スキー毛糸」の製造販売を行い、日本で最初に化学繊維を輸入したことで知られます。

東近江市西堀榮三郎記念 探検の殿堂　東近江市 MAP F-2
〒527-0135 滋賀県東近江市横溝町419
TEL 0749-45-0011

■開館時間 10:00～18:00　■入館料／大人300円、小中学生150円　市民無料　■休館日／月曜、火曜、国民の祝日

東近江市ゆかりの探検家「西堀榮三郎」の精神と業績を紹介すると共に、地域のアーティストによる多彩な活動に活用を展開。

ガリ版伝承館　東近江市 MAP E-4
〒529-1521 滋賀県東近江市蒲生岡本町663
TEL 0505-802-2530 (土・日のみ)

■開館時間 10:00～16:30 (土・日のみ)　■入館料／無料　■休館日／月～金曜、12/29～1/3

明治末に建てられた堀井新治郎父子の本家を改修したもので、明治27年に考案した第1号機を始め、ガリ版機材や作品を展示。

豊郷小学校 旧校舎群　豊郷町 MAP F-1
〒529-1169 滋賀県豊郷町石畑518
TEL 0749-35-3737

■開館時間 9:00～17:00　■入館料／無料　■休館日／年末年始

丸紅の専務、古川鉄治郎が私財を投げ打って昭和12年に建設された小学校はメレル・ヴォーリズの設計、竹中工務店施行で当時東洋一と言われました。当時のまま、地域の文化発信基地として新たな展開が始まっています。

先人を偲ぶ館　豊郷町 MAP F-1
〒529-1161 豊郷町四十九院815
TEL 0749-35-2484

■開館時間 10:00～16:00　■入館料／無料　■休館日／日・月・水・金曜

豪商、薩摩治兵衛を中心に、豊郷町出身の伊藤忠兵衛、古川鉄治郎などの業績や成功への道程を紹介しています。建物は薩摩氏が寄付したパリ日本館をモチーフにしています。

学びに行こう

近江日野商人館　[日野町 MAP F-5]
〒529-1603 滋賀県蒲生郡日野町大窪1011
TEL 0748-52-0007
■開館時間 9:00～16:00　■入館料／大人300円 小中学生120円　■休館日／月・火曜（祝日は翌日）／年末年始

日野商人山中兵右衛門宅旧宅を公開。館内には行商品や道中具、家訓などが展示されて、日野商人の歴史とその商い、生き様を知ることができます。

日野まちかど感応館　[日野町 MAP F-5]
〒529-1604 滋賀県蒲生郡日野町村井1284
TEL 0748-52-6577
■開館時間 9:00～17:00　■入館料／無料　■休館日／毎週月曜（祝日は翌日）、年末年始

江戸時代日野椀に代わって日野商人の発展を導いた合薬の創始者正野法眼玄三の本宅の一部を公開し、観光案内の拠点・休憩スポットとなっています。

近江八幡市立資料館　[近江八幡市 MAP C-2]
〒523-0871 滋賀県近江八幡市新町2丁目22
TEL 0748-32-7048
■開館時間 9:00～17:00　■入館料／大人500円、小中学生250円　■休館日／月曜、祝祭日の翌日、年末年始（観光シーズン5月末～6月・10月末～11月は休館日なし。要事前問合せ）

「郷土資料館」・「歴史民俗資料館」・「旧西川家住宅」の3施設を管理・公開。豪商の生活様式を知ることができます。

・記載の館名・住所・開館時間などは2019年3月末現在のものです。変更されている場合もあります。
・記載以外にも展示替えなどで臨時休館する場合があります。
・入館料の団体割引や最終入館時刻などは各館にお問い合わせください。

ちょっと寄り道
東近江市のその他の博物館・資料館

世界凧博物館　東近江大凧会館　[東近江市 MAP E-3]
〒527-0025 滋賀県東近江市八日市東本町3-5
TEL 0748-23-0081
■開館時間 9:00～17:00　■入館料／一般300円、小中学150円　■休館日／水、第4火曜（祝日は翌日）、年末年始

東近江大凧会館には、毎年揚げられる100畳敷大凧、成人式に揚げられる20畳敷大凧その他、過去の大凧を縮小復元した凧など図柄豊かな大凧をご覧いただけます。

東近江市能登川博物館　[東近江市 MAP D-1]
〒521-1225 東近江市山路町2225
TEL 0748-42-6761
■開館時間 10:00～18:00　■入館料／無料　■休館日／月・火、第4金曜、祝日、年末年始

東近江の民具や農具などと生活用具、自然資料を使用して活動する住民参加型の施設で、民具を使った「回想法」セットの貸出なども実施し、図書館も隣接している。

公益財団法人日本習字教育財団　観峰館（かんぽうかん）　[東近江市 MAP E-2]
〒529-1421 滋賀県東近江市五個荘竜田町136
TEL 0748-48-4141
■開館時間 9:30～17:00　■入館料／大人500円、高校大学300円 中学以下無料　■休館日／月曜、年末年始、展示替えによる休館あり

「書道文化と世界を結ぶ」をテーマに、シンボルとなる六階建の本館、中国の建築様式である四合院に倣った造りの展示室を中心に構成された博物館。

日登美美術館（ひとみ）　[東近江市 MAP G-3]
〒527-0231 滋賀県東近江市山上町2083
TEL 0748-27-1707
■開館時間 10:00～17:00　■入館料／一般500円　■休館日／年末年始

常設展示としてバーナード・リーチの作品を主体に、企画展示は、広重の浮世絵、棟方志功の版画など他の収蔵品をテーマに半年単位で行っています。

あいとうエコプラザ　菜の花館　[東近江市 MAP F-3]
〒527-0162 滋賀県東近江市妹町70
TEL 0749-46-8100
■開館時間 9:00～17:30　■入館料／無料（詳細はお問い合わせください）　■休館日／火曜、祝日、年末年始

資源循環型の地域づくりを進める拠点施設で、全国に広がる「菜の花エコプロジェクト」は、1998年に愛東から始まった地域内循環モデルで、地域自立を促すプロジェクトでもあります。

近江商人関連 博物館・資料館地図

東近江市

能登川博物館

中江準五郎邸
外村繁邸
外村宇兵衛邸

安土町

近江八幡市

野洲市

守山市

近江八幡市

八幡山城跡

日牟禮八幡宮

かわらミュージアム

八幡堀

西川甚五郎家・
西川文化資料庫

白雲館

ヴォーリズ記念館

新町通り

近江八幡市立資料館　旧伴家住宅

湖南市

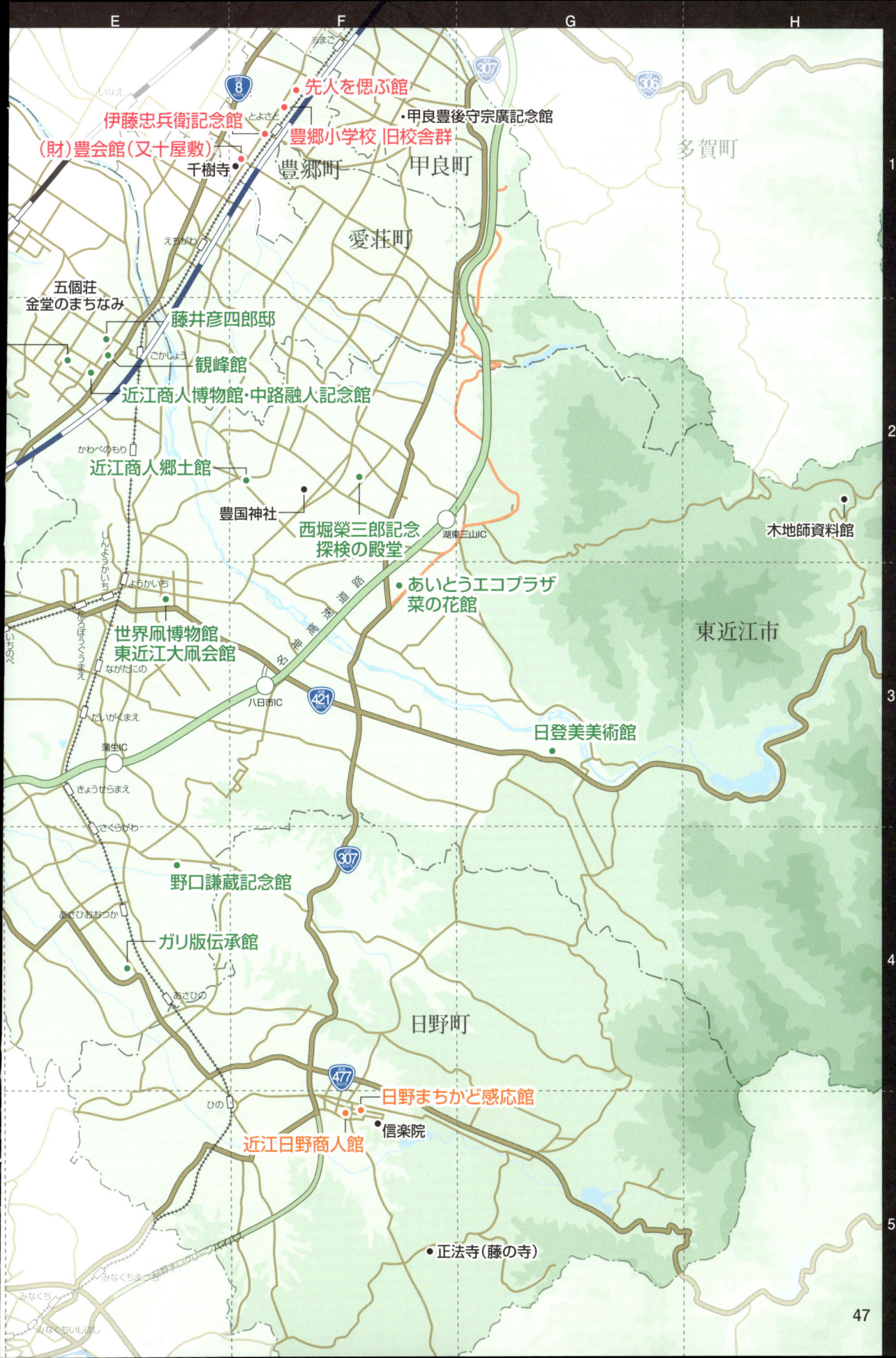

- 先人を偲ぶ館
- 甲良豊後守宗廣記念館
- 伊藤忠兵衛記念館
- 豊郷小学校 旧校舎群
- (財)豊会館(又十屋敷)
- 千樹寺
- 豊郷町
- 甲良町
- 多賀町
- 愛荘町
- 五個荘 金堂のまちなみ
- 藤井彦四郎邸
- 観峰館
- 近江商人博物館・中路融人記念館
- 近江商人郷土館
- 豊国神社
- 西堀榮三郎記念探検の殿堂
- 湖東三山IC
- 木地師資料館
- あいとうエコプラザ菜の花館
- 東近江市
- 世界凧博物館 東近江大凧会館
- 八日市IC
- 日登美美術館
- 蒲生IC
- 野口謙蔵記念館
- ガリ版伝承館
- 日野町
- 日野まちかど感応館
- 信楽院
- 近江日野商人館
- 正法寺(藤の寺)

【参考文献】
三方よし研究所『Q&Aでわかる近江商人』 サンライズ出版2010
小倉榮一郎『近江商人の理念』 サンライズ出版2003
サンライズ出版編『近江商人と北前船』 サンライズ出版2007
木村至宏編『図説滋賀県の歴史』 河出書房新社1987
『滋賀県百科事典』 大和書房・京都新聞滋賀本社1984
近江商人博物館『近江商人物語(近江商人博物館展示案内)』 1997
近江商人博物館『中江四兄弟と三中井百貨店』 2007
『五個荘町史 第一巻 古代・中世』 五個荘町1992
『五個荘町史 第二巻 近世・近現代』 五個荘町1994
『近江八幡の歴史 第五巻 商人と商い』 近江八幡市2012
『近江日野の歴史 第七巻 日野商人編』 滋賀県日野町2012
※その他近江商人博物館刊行の企画展解説図録等を参考としました。

子どものための近江商人図録
近江商人ってな～に？

初版1刷発行　2014年5月1日
初版2刷発行　2019年5月10日

企　　画	東近江市近江商人博物館 〒529-1421　滋賀県東近江市五個荘竜田町583
編　　集	東近江市近江商人博物館
発　　行	サンライズ出版株式会社 〒522-0004　滋賀県彦根市鳥居本町655-1 TEL 0749-22-0627
編集協力	NPO法人三方よし研究所
レイアウト・デザイン	オプティムグラフィックス
イラスト	RINRIEデザイン　堤理恵
出版協力	塚喜商事株式会社

ISBN978-4-88325-535-1 C8021　無断複写・複製を禁じます。乱丁・落丁本はお取替えいたします。
©東近江市近江商人博物館